바른 역사를 펴내는 데 길잡이가 되어 주신 분들

추천감수 최광식 (현 고려대학교 한국사학과 교수·국립 중앙 박물관장)
고려대학교 사학과를 졸업하고 같은 학교 대학원을 졸업했습니다. 고구려, 백제, 신라의 정치와 사상을 연구하고 있습니다. 효성여자대학교 사학과 교수, 일본 동북대학교 객원연구원, 중국 북경대학교 초빙교수, 미국 UCLA 초빙교수를 지냈으며, 한국역사민속학회 회장, 한국고대사학회 회장, 고구려연구재단 상임이사, 고려대학교 박물관장으로 활동했습니다. 현재 고려대학교 한국사학과 교수 및 국립 중앙 박물관장, 한국고대학회 회장으로 활동하고 있습니다. 주요 저서로는 《고대 한국의 국가와 제사》, 《중국의 고구려사 왜곡》, 《단재 신채호의 '천고'》, 《우리 고대사의 성문을 열다》, 《백제의 신화와 제의》, 《한국 고대의 토착신앙과 불교》 등이 있습니다.

추천감수 박남수 (현 국사편찬위원회 편사 연구관·동국대학교 사학과 겸임교수)
동국대학교 사학과를 졸업하고 같은 학교 대학원 사학과에서 한국 고대사를 전공했습니다. 한국 고대 사회경제사 및 정치사를 연구했습니다. 현재 국사편찬위원회 편사 연구관 및 동국대학교 사학과 겸임교수로 활동하고 있습니다. 주요 논문으로는 《신라 화백회의 기능과 성격》, 《김대성의 불국사 조영과 그 경제적 기반》, 《삼국의 경제와 교역활동》, 《3~9세기 한·중·일 교역과 장보고의 경제적 기반》, 《고구려 조세제와 민호편제》, 《통일신라의 대일교역과 애장왕대 교빙결호》 등이 있으며 신서원의 《신라수공업사》를 저술했습니다.

추천감수 박대재 (현 고려대학교 한국사학과 교수·전 국사편찬위원회 편사 연구사)
고려대학교 한국사학과를 졸업하고 같은 학교 대학원 사학과를 졸업했습니다. 고조선, 부여, 삼한 등 한국 상고사를 연구하고 있습니다. 공군사관학교 역사철학과 교수요원, 미국 남가주대학교(USC) 한국학연구소 객원연구원, 국사편찬위원회 편사 연구사를 지냈으며, 현재 고려대학교 한국사학과 교수, 한국사연구회 편집이사로 활동하고 있습니다. 주요 저서로는 《의식과 전쟁-고대 국가를 바라보는 새로운 시각》, 《고대한국 초기국가의 왕과 전쟁》 등이 있습니다.

추천감수 임상선 (현 동북아역사재단 연구위원)
동국대학교 역사교육학과와 한국정신문화연구원 한국학대학원을 졸업했습니다. 발해의 역사와 문화, 동북아의 교과서와 역사분쟁을 연구했습니다. 서울시립미술관 및 서울역사박물관 전문위원에 이어 현재 동북아역사재단 연구위원으로 활동하고 있습니다. 주요 논문으로는 《발해 천도에 대한 고찰》, 《발해의 왕위계승》, 《'발해인' 이광현과 그의 도교서 검토》, 《발해의 도성체제와 그 특징》, 《중국학계의 발해·고구려 역사연구 비교》 등이 있으며 신서원의 《발해의 지배세력 연구》를 저술했습니다.

어려운 역사를 흥미로운 동화로 꾸며 주신 분들

글 우리역사연구회
중국과 일본 등 주변의 여러 나라들이 역사를 왜곡하고 있습니다. 우리가 우리의 역사를 잊어버리거나 바로 알지 못할 때 우리의 역사를 도둑맞게 됩니다. 우리 아이들에게 올바른 역사 인식과 역사관을 심어 주고, 역사 공부와 통합 논술 준비에 도움이 되는 책을 만들고자 우리역사연구회라는 이름으로 뜻을 모았습니다.
기획 및 편집 류일윤, 이인영, 김근주, 장혜미, 장도상, 하순영 **역사연구원** 이승민, 민정현, 김설아, 허보현, 최연숙 **논술연구원** 추선호, 이지선, 강지하, 김현기, 주인자, 이명숙
동화작가 류일윤, 강이든, 황의웅, 유우제, 정영선, 김유정, 조지현, 김광원, 이자혜, 조은비, 박설아, 박지선, 이승진, 김진숙, 김경선, 김명수, 한희란, 김미선, 한화주

본문 그림 노명수
충남대학교 대학원 미술학과를 졸업했습니다. 국립현대미술관 미술은행 작품소장이자 한국미술협회, 대전한국화회, 미술팀 한그림의 회원입니다. 현재 한국화 화가이자 일러스트레이터이며 충남대학교와 한국방송통신대학교에서 학생들을 가르치고 있습니다. 대한민국미술대전, 동아미술대전, 충남미술대전에서 입상했고, 2002년 제1회 개인전 '민낯', 2004년 제2회 개인전 '사람빛', 2006년 제3회 개인전 '하늘과 사람이 같이 살다'를 열었습니다. 주요 작품으로는 위인전 《한비자》, 《최치원전》, 《허준》, 《연개소문》, 《근초고왕》, 명작동화 《해저 2만리》, 《우렁각시, 수로부인전》 등이 있습니다.

부록 그림 이명애
경원대학교 동양화과를 졸업하고 디자인 관련 회사에서 캐릭터 디자인 작업을 했습니다. 정치 관련 시사만평과 애니메이션 작업을 하다가 우연히 동화의 세계에 발을 담그게 되었습니다. 현재 입시 학원을 운영하며 아이들을 가르치고 있습니다.

연개소문 당나라와 자존심을 걸고 싸우다

1판 1쇄 인쇄 2014년 2월　**1판 1쇄 발행** 2014년 2월
기획 및 편집 류일윤, 이인영, 김근주, 민정현, 김설아, 장도상, 하순영, 허보현, 이정애
교정 교열 박사례, 장혜미, 전희선, 최부옥, 김정희, 최효원　**논술 진행** 추선호, 이지선, 강지하
아트디렉터 이순영, 김영돈　**디자인** 김재욱, 김은주, 송나경, 김명희, 박미옥, 김용호, 홍성훈, design86
펴낸이 양기남　**펴낸곳** MLS　**출판등록번호** 제406-2012-000094호　**주소** 경기도 파주시 회동길 216, 파주출판도시 문정 3층
전화 031-957-3434　**팩스** 031-957-3780
ISBN 978-89-98210-52-6　ISBN 978-89-98210-22-9 (세트)

⚠ 주의 : 본 책으로 장난을 치거나 떨어뜨리면 어린이가 다칠 위험이 있습니다. 고온 다습한 장소나 직사광선이 닿는 장소에는 보관을 피해 주십시오.

《삼국사기》열전 '연개소문' · 《삼국사기》고구려본기 '영류왕' '보장왕'

연개소문
당나라와 자존심을 걸고 싸우다

631년, 고구려 왕궁이 크게 들썩였어요.
"당나라 사신이 경관*을 부수고 있다 하옵니다. 어서 잡아다 벌하십시오!"
"안 됩니다. 까딱하면 전쟁이 일어날 수도 있습니다."
"우리나라 지도도 당나라에 바치지 않았습니까?
언제까지 당나라에 머리를 숙여야 합니까?"
"우리는 좋아서 머리를 숙이자고 합니까?
수나라와 오랫동안 전쟁을 하느라 피해가 너무 큽니다.
회복할 시간이 필요해요!"
신하들은 저마다 큰 소리로 외쳤어요.
영류왕은 얼굴을 찌푸리며 생각했지요.
'지금 당나라를 건드려서는 안 된다.
무슨 일이 있어도 전쟁은 피해야 해.'

*경관 고구려가 수나라와 싸워 이긴 공적을 나타내기 위해서 죽은 수나라 군사를 쌓고 그 위를 흙으로 덮어 만든 기념물이에요.

618년에 수나라가 망하고 새롭게 당나라가 일어섰어요.
당나라는 점점 땅을 넓히면서 고구려를 칠 기회를 노렸어요.
이 무렵 고구려에서는 영양왕이 세상을 떠나고 영류왕이 왕위에 올랐어요.
영류왕은 겉으로는 당나라와 사이좋게 지내면서도
언제 있을지 모르는 당나라 공격에 대비했답니다.

영류왕은 동북쪽 부여성부터 서남쪽 바다까지
천리에 이르는 천리장성을 쌓으며
군대를 훈련시켰어요.

그때 연개소문은 아버지 연태조의 뒤를 이어
대대로*를 맡게 되었어요.
하지만 귀족들이 반대하고 나섰지요.
귀족들은 입을 모아 영류왕에게 말했어요.
"연개소문은 성격이 사나워
대대로에 어울리지 않습니다."

*대대로 고구려 귀족 회의의 최고 우두머리예요.

연개소문은 귀족들을 찾아다니며 머리를 숙였어요.
"제게 기회를 주십시오.
 만일 제가 잘하지 못하면
 그때는 말없이 물러나겠습니다."
이렇게 해서 연개소문은 간신히 대대로가 되었어요.

641년, 당나라에서 진대덕이라는 사신이 찾아왔어요.
진대덕은 고구려를 구경한다는 핑계로 고구려 구석구석을 살폈지요.
이 소식을 들은 연개소문이 영류왕을 찾아갔어요.
"당나라 사신이 고구려를 염탐*하고 있습니다.
 당나라가 고구려를 치려고 하는 것이 분명합니다.
 당나라에 당하기 전에 먼저 당나라와 맞서야 합니다!"
그러나 영류왕과 귀족들은 연개소문의 말을 듣지 않았어요.
오히려 귀족들은 영류왕에게 이렇게 말했지요.

*염탐(청렴할 염廉, 찾을 탐探) 몰래 남의 사정을 살피고 조사하는 것을 말해요.

"연개소문이 자꾸 전쟁을 일으키려고 합니다.
이대로 두시면 아니 되옵니다!"
"나도 연개소문 때문에 머리가 아프오. 어떻게 하면 좋겠소?"
"일단 천리장성을 쌓는 책임자로 보낸 뒤에 기회를 봐서 없애십시오."
귀족들은 급기야* 연개소문을 죽일 계획을 세웠어요.

*급기야(미칠 급及, 그 기其, 어조사 야也) '마지막에 가서는'이라는 뜻이에요.

연개소문은 부하에게서 귀족들의 계획을 전해 들었어요.
"대대로님, 귀족들이 대대로님을 죽이려고 합니다!"
"귀족들이 나를?
 내가 대대로가 될 때도 반대하더니
 이제는 목숨까지 빼앗으려 한단 말이냐?"
연개소문은 화가 나서 이를 바득바득 갈았어요.
"오냐, 걸어온 싸움을 피하지 않겠다.
 누가 더 고구려에 어울리는지 겨루어 보자!"

642년, 연개소문은 천리장성으로 가기로 했다며 귀족들을 군대 열병식*에 초대했어요.

*열병식(검열할 열閱, 군사 병兵, 법 식式) 가지런히 줄지어 늘어선 군대의 앞을 지나면서 군사 상태를 살펴보는 의식이에요.

100명이 넘는 귀족이 열병식에 왔어요.
연개소문은 큰 잔치를 열고 귀족들과 함께 자리에 앉았어요.
잔치가 한창 무르익자 연개소문은 갑자기 자리에서 벌떡 일어났어요.
"고구려의 자존심을 버리고 당나라에 아부하는 무리들을 모두 없애라!"
그러자 곳곳에서 군사들이 튀어나와 귀족들에게 달려들었어요.
귀족들은 앉은 자리에서 꼼짝없이 당했어요.

연개소문은 이어 왕궁으로 가 영류왕을 시해*했어요.
그리고 영류왕 대신 보장왕을 왕위에 앉히고
스스로 대막리지*가 되었답니다.
"내 꿈은 광개토 대왕처럼 고구려를 널리 뻗어 나가게 하는 거요.
 나는 당나라를 물리치고
 고구려를 다시 천하의 중심으로 만들겠소!"

*시해(죽일 시弑, 해로울 해害) 부모나 왕을 죽이는 것을 말해요.
*대막리지 연개소문이 정변(혁명이나 쿠데타 등 비합법적인 수단으로 생긴 정치적 변동)을
 일으킨 다음, 스스로 만든 고구려의 최고 관직이에요.

그해 겨울, 신라에서 김춘추가 찾아왔어요.
김춘추는 보장왕과 연개소문에게 머리를 숙이며 부탁했지요.
"백제가 툭하면 쳐들어오니
신라 백성들이 마음 놓고 살 수 없습니다.
부디 군사를 내어 신라를 도와주소서!"
그러자 보장왕이 말했어요.
"신라가 빼앗아 간 죽령 이북의 땅을 돌려주면 신라와 손잡겠소."
이것은 사실 연개소문이 보장왕의 입을 빌려
잃어버린 땅을 되찾으려 한 것이었답니다.
그러자 김춘추는 고개를 저었지요.
"그것은 제가 결정할 수 있는 문제가 아닙니다."
"다시 생각하실 때까지 고구려에 남아 계셔야겠소.
여봐라, 김춘추 공을 모셔 가라."

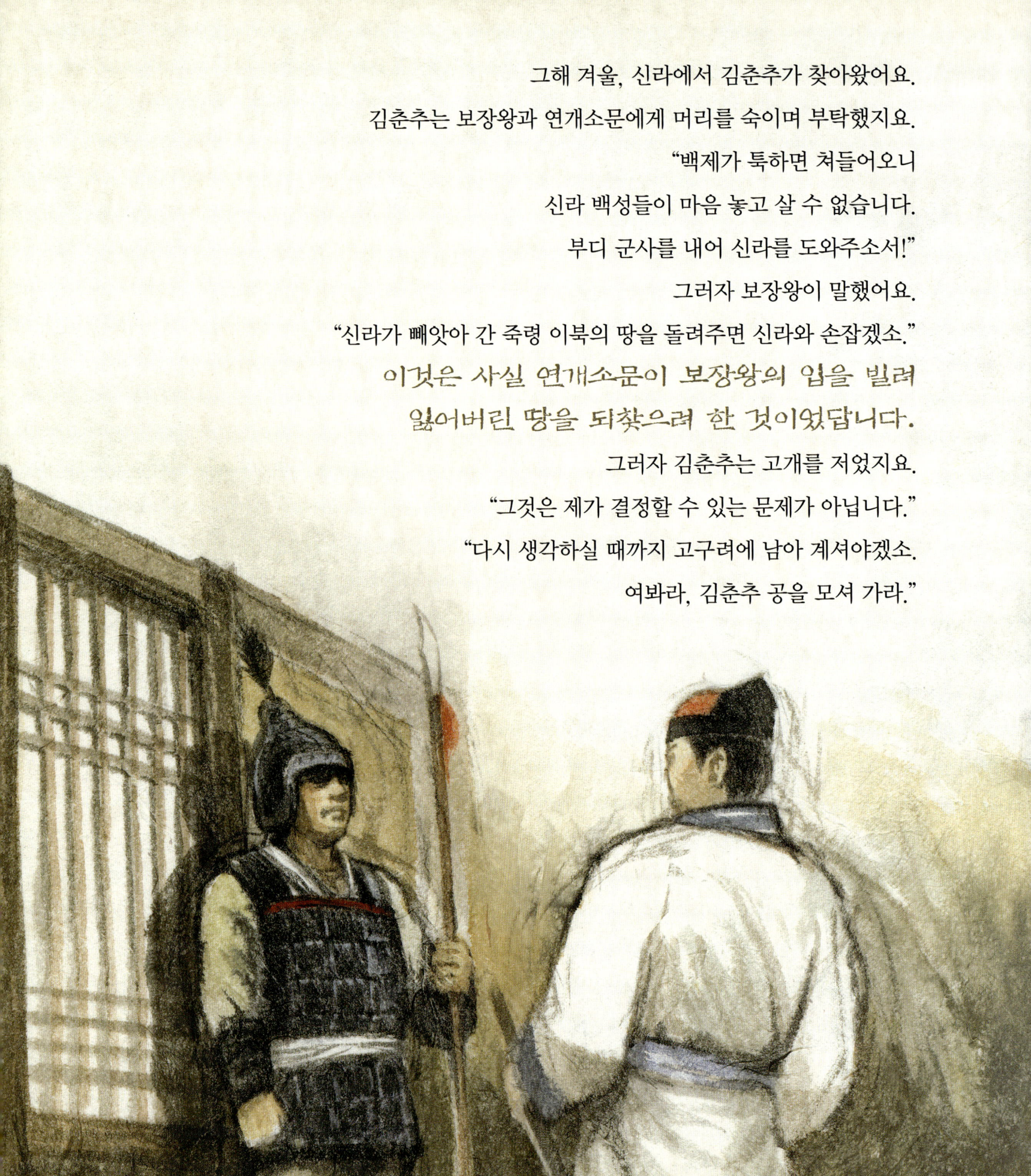

보장왕은 김춘추를 가두고 신라로 돌려보내지 않았어요.
다급해진 김춘추는 보장왕에게 거짓말을 했어요.
"신라로 돌아가 왕의 허락을 받아 오겠습니다."
보장왕은 그제야 김춘추를 풀어 주었지요.

신라로 돌아간 김춘추는 당나라에 도움을 부탁했어요.
당나라는 고구려에 사신을 보내 이렇게 말했지요.
"고구려는 신라를 공격하지 마시오! 이는 우리 황제의 뜻이오!"
연개소문은 기가 막혔어요.
"왜 당나라가 고구려와 신라의 일을 이래라저래라 하느냐!
괜히 참견하지 말라고 전해라!"
연개소문은 당나라 사신을 꾸짖어 보냈어요.
당나라 황제 태종은 이 말을 듣고
화가 머리끝까지 났어요.
"어디 두고 보자.
고구려를 쑥대밭으로 만들어 주마!"

645년, 당 태종은 고구려와 전쟁을 시작했어요.
"하늘을 대신해 왕을 시해한 연개소문을 벌하겠다!"
당 태종은 10만 대군을 이끌고 고구려로 쳐들어왔지요.

당 태종은 고구려 성을 하나씩 무너뜨리며
마침내 안시성까지 이르렀어요.
"공격하라! 안시성을 무너뜨리고 평양성으로 쳐들어간다!"
당 태종은 온 힘을 다해 안시성을 공격했지요.
그러나 끝내 안시성을 무너뜨리지 못했어요.
"이럴 수가! 내가 고구려를 너무 얕봤구나."
당 태종은 수많은 군사를 잃고 당나라로 돌아갔어요.

당 태종은 이후에도 몇 차례나 고구려를 공격했어요.
하지만 번번이 크게 지고 물러났어요.
결국 당 태종은 죽기 전에 이런 말을 남겼대요.
"만일 위징*과 같은 충성스러운 신하가 있었다면
나는 고구려를 공격하지 않았을 것이다."

*위징 중국 당나라 초기의 공신, 학자예요.

그 사이 김춘추는 신라 제29대 무열왕이 되었어요.
무열왕은 당 태종의 뒤를 이은 당 고종에게 사신을 보내 설득했어요.
"폐하, 신라와 손잡고 백제를 먼저 치십시오.
 그런 다음 고구려를 치면 손쉽게 무너뜨릴 수 있습니다."
마침내 당 고종은 군사 13만 명을 보내기로 했어요.

그리하여 660년 7월,
나당 연합군은 백제를 무너뜨렸답니다.
하지만 백제가 완전히 무너진 것은 아니었어요.
남은 군사와 백성들이 힘을 모아 나당 연합군에 맞섰거든요.
이때 고구려는 신라를 공격하여 백제를 도왔어요.
그러나 백제 부흥 운동은 내부 다툼으로
663년에 막을 내렸어요.

661년, 당나라가 고구려로 쳐들어왔어요.
당나라 군사들은 물밀듯이 밀고 내려왔어요.
연개소문은 큰아들 연남생을 불렀어요.
"네게 군사를 내줄 테니 가서 당나라를 물리쳐라!"
"예!"
하지만 연남생은 압록강에서 당나라에 크게 졌어요.
간신히 목숨만 건져 도망쳤지요.
그러나 연개소문은 조금도 흔들리지 않았어요.
"성문을 굳게 걸어 잠그고 맞서라!
 당나라군이 돌아갈 때까지 꿋꿋이 버텨라!"

때마침 당나라에서 군사를 돌리라는 명령이 내려왔어요.
당나라군은 공격을 그만두고 돌아갔지요.

당나라는 그다음 해에도 고구려로 쳐들어왔어요.
"당나라가 아직도 정신을 차리지 못했구나.
내가 직접 본때를 보여 주겠다."
연개소문은 군사를 이끌고 사수로 나아갔어요.
"당나라 군사들이 오기 전에 강 주위에 포차*를 두어라.
큰 돌덩이도 최대한 많이 모아라!"
연개소문의 명령에 따라 고구려 군사들은 빠르게 움직였어요.

*포차(던질 포抛, 수레 차車) 예전에 군대에서 돌을 던질 때 쓰던 수레예요.

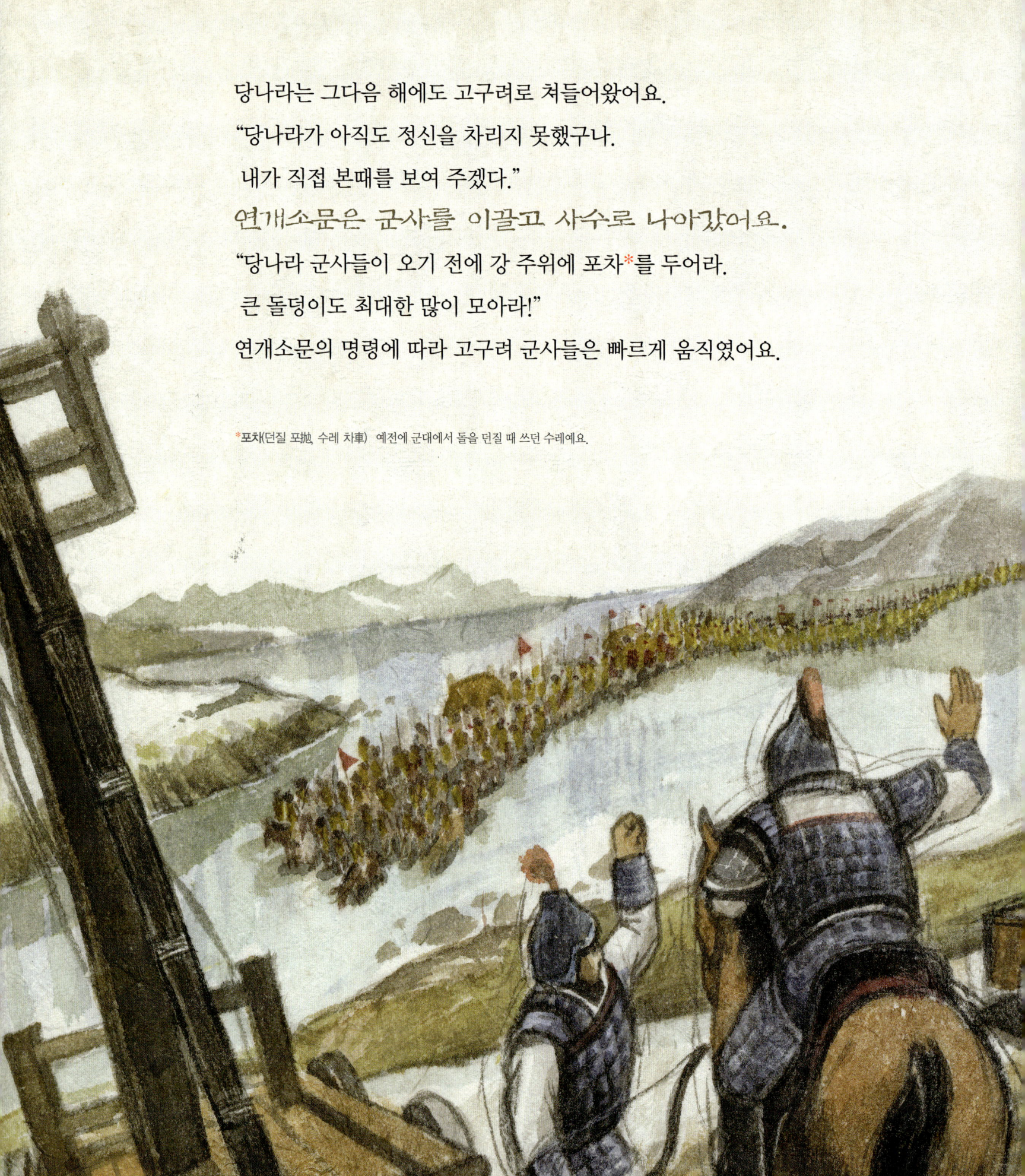

잠시 뒤, 멀리 당나라군의 모습이 보였어요.
당나라군은 꽁꽁 언 강을 조심스럽게 건너기 시작했어요.

연개소문이 큰 소리로 외쳤지요.
"이때다. 모두 돌을 날려라!"
고구려 군사들은 일제히 포차로 큰 돌을 날려 보냈어요.
커다란 돌덩이들이 획획 날아가 강 위에 떨어졌어요.
"쿵쿵!"
"쩍쩍!"
"얼음이 갈라진다. 어서 피해!"
"어푸어푸, 나 좀 구해 줘!"
당나라 군사 수천 명이 갈라진 얼음 틈 사이로 강물에 빠졌어요.

가까스로 살아남은 당나라 군사들은 허겁지겁 달아났지요.
"올 때는 너희 마음대로 들어왔지만
갈 때는 마음대로 갈 수 없다!"
연개소문은 도망가는 당나라군을 뒤쫓아 가서
한 사람도 남김없이 쓰러뜨렸어요.

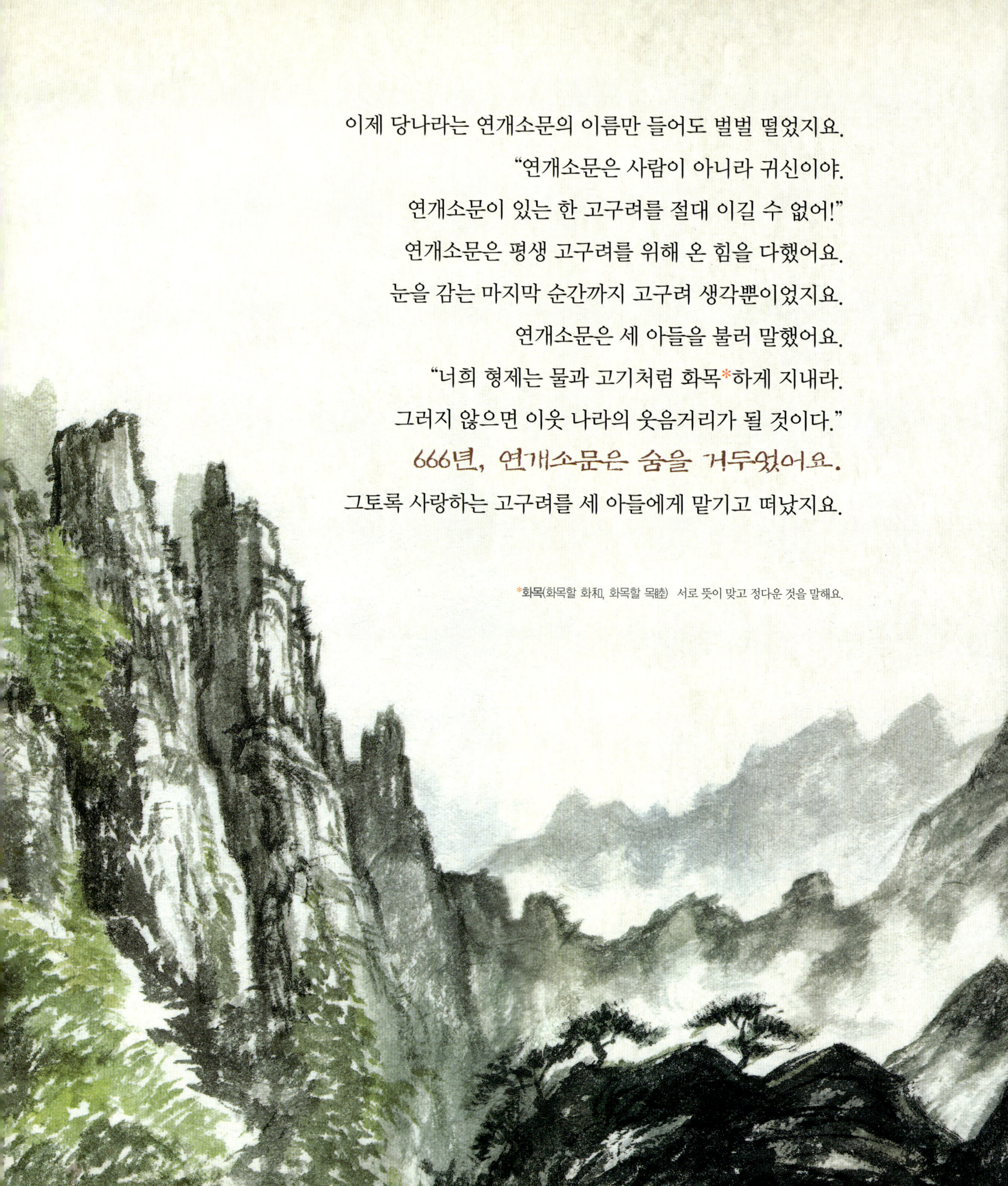

이제 당나라는 연개소문의 이름만 들어도 벌벌 떨었지요.
"연개소문은 사람이 아니라 귀신이야.
연개소문이 있는 한 고구려를 절대 이길 수 없어!"
연개소문은 평생 고구려를 위해 온 힘을 다했어요.
눈을 감는 마지막 순간까지 고구려 생각뿐이었지요.
연개소문은 세 아들을 불러 말했어요.
"너희 형제는 물과 고기처럼 화목*하게 지내라.
그러지 않으면 이웃 나라의 웃음거리가 될 것이다."
666년, 연개소문은 숨을 거두었어요.
그토록 사랑하는 고구려를 세 아들에게 맡기고 떠났지요.

*화목(화목할 화和, 화목할 목睦) 서로 뜻이 맞고 정다운 것을 말해요.

연개소문은 고구려의 영웅일까, 고구려를 망친 독재자일까?

고구려에서 연개소문은 고구려의 역사를 바꿔 놓았다고 할 수 있을 만큼 중요한 사람이에요. 시대에 따라 때로는 영웅으로, 때로는 나라를 망친 독재자로 다양한 평가를 받기도 하죠.

연개소문은 과연 어떤 사람이었을까요?

고구려를 위해서 한 일이야!
VS 왕을 죽이다니 나빠!

연개소문은 평소 당나라의 눈치를 보는 영류왕과 귀족들에게 불만이 많았어. 연개소문은 고구려의 자존심을 지키고 싶었던 거야!

VS

왕과 귀족들을 죽인 건, 연개소문의 지나친 욕심 때문이야. 자기가 최고의 자리에 오르고 싶어서 반란을 일으킨 거지!

당나라를 물리친 훌륭한 장수야!
VS 권력을 독차지한 독재자야!

연개소문이 살아 있는 동안 고구려는 한 번도 당나라에 지지 않았어. 그만큼 강하게 나라를 지키기가 쉬운 일인 줄 알아? 연개소문은 고구려의 별이었어!

VS

연개소문은 훌륭한 장수였어. 하지만 혼자서 너무 많은 권력을 차지했지. 연개소문이 정말 고구려를 생각했다면, 다른 사람들과 권력을 나눴어야 해.

어차피 당나라는 고구려를 노리고 있었어!
VS 신라의 제안을 거절한 건 실수야!

당나라는 신라가 아니었어도, 어떻게 해서든 고구려를 치려 했을 거야. 신라도 당장 급해서 고구려에 손을 내민 거지 영원한 친구는 되지 못했을 거라고!

VS

외톨이가 된 신라가 당나라와 손잡은 건 당연한 일 아니었나? 그걸 계산하지 못한 연개소문이 엄청난 실수를 저지른 거야!

연개소문 주요 연보

- 642년 영류왕을 죽이고 보장왕을 왕으로 세움.
- 643년 당나라에서 도교를 받아들임.
- 645년 당나라의 1차 침입을 물리침.
- 647년 당나라의 2차 침입을 물리침.
- 655년 백제 및 말갈과 함께 신라의 북쪽 33개 성을 빼앗음.
- 659년 당나라와 요동에서 싸움.
- 661년 당나라가 고구려의 평양성을 공격함.
- 662년 사수 대첩에서 승리함.
- 666년 세상을 떠남.

 연개소문에 대한 평가는 시대에 따라 달라졌어요.

 연개소문은 흉악하고 잔인한 역신! — 김부식

 외세에 당당히 맞선 훌륭한 영웅! — 신채호

 나라를 망하게 한 독재자일 뿐! — 현대 학자

 연개소문이 훌륭한 장수였던 건 맞지만.

당나라의 침입을 물리치고 고구려를 굳건히 지켜 낸 것만 보면 연개소문은 고구려의 영웅이에요. 연개소문이 살아 있는 동안 당나라는 단 한 번도 고구려를 이기지 못했으니까요.

 정치가로서는 별로였던 것 같아요.

하지만 연개소문은 혼자서 고구려의 모든 권력을 차지했어요. 연개소문이 살아 있는 동안에는 강한 지도력으로 고구려를 다스렸지만 그가 죽자 연개소문의 빈자리를 노리는 다툼이 벌어져 고구려의 힘이 약해졌어요.

 예나 지금이나 글로벌 마인드가 필요하다니까!

또 고구려와 백제의 틈바구니에서 기를 펴지 못하던 신라를 잘 이용하지 못한 것도 아쉬운 점이에요. 호시탐탐 고구려를 노리던 당나라와 신라를 손잡게 만든 것은 국제 정세를 잘 파악하지 못한 연개소문의 실수라고 할 수 있습니다.

박사님, 이런 게 궁금해요!

귀족들은 왜 연개소문이 대대로 자리에 오르는 것을 반대했나요?

귀족들은 연개소문의 성미가 사납고 거칠어서 반대한다고 했지만, 실은 연씨 가문이 더 이상 강해지는 것을 바라지 않았기 때문이에요. 연개소문의 할아버지 때부터 대대로를 지낸 연씨 가문은 고구려의 새로운 권력 집안으로 자리 잡았거든요. 또 당나라에 대해 강력하게 맞서야 한다는 대당 강경파였기 때문에 온건파 귀족들이 보기에는 여러모로 못마땅했지요.

연개소문은 신라와 동맹을 맺자는 김춘추의 제안을 왜 거절했을까요?

연개소문은 영류왕과 자신을 미워하던 귀족들을 없애기는 했지만 아직 고구려 전체를 휘어잡을 만큼 강한 힘은 갖지 못했어요. 그래서 뭔가 눈에 보이는 큰 업적을 이루려고 했는지도 몰라요. 김춘추가 땅을 돌려달라는 연개소문의 요구를 순순히 들어주었다면 연개소문은 아직 자신을 인정하지 않는 무리들에게 큰소리를 치며 더 빨리 힘을 키울 수 있었을 테니까요.

연개소문에 대한 이러쿵저러쿵

김부식이 쓴 《삼국사기》에는 연개소문에 대해 '몸에는 다섯 자루의 칼을 차고 다니니 좌우에서 감히 쳐다보지도 못하였다. 매번 말을 오르내릴 때에는 늘 귀족이나 무장을 땅에 엎드리게 하여 그를 발판으로 삼아 밟고 다녔다. 나다닐 때는 반드시 대오를 벌여 세우는데 선도하는 사람이 크게 소리치면 사람들이 모두 구렁텅이나 골짜기를 가리지 않고 혼비백산하여 달아났으니, 나라 사람들이 몹시 괴롭게 여겼다.'라고 기록되어 있어요.

신라 출신인 김부식이 적국이었던 고구려의 연개소문을 곱지 않은 눈으로 본 것일 수도 있고, 중국의 기록을 옮겨 적은 것이라 그럴 수도 있다는 의견도 있어요. 중국은 연개소문에게 매번 졌으니 당연히 연개소문을 미워하고 두려워했겠지요? 중국의 경극이나 민간 설화를 보면 연개소문이 주인공으로 나오는 것이 많은데 연개소문을 무서우면서도 용감한 장수로 그리고 있지요.

만약 고구려가 신라와 동맹을 맺었다면 어땠을까요?

그랬다면 고구려의 넓은 영토가 모두 대한민국의 땅으로 남아 있었을지도 모르죠. 김춘추가 연개소문을 찾아갔을 때 신라는 고구려-백제-왜로 이어지는 외교 관계 속에서 외톨이처럼 떨어져 있었어요. 고구려와 동맹을 맺지 못한 김춘추가 도움을 구할 곳은 당나라뿐이었지요. 만약 연개소문이 김춘추의 제안을 받아들였다면 우리나라 역사는 정말 많이 달라졌을 거예요.

수나라군 VS 당나라군

수나라와 당나라는 고구려를 무너뜨리려고 여러 차례 전쟁을 일으켰어요.
두 나라의 군대는 어떤 차이가 있는지 살펴봐요.

수나라군

당나라군

수나라의 기병은 대부분 무사, 말 모두 갑옷으로 무장한 중장 기병이었어요. 무거운 갑옷을 입으면 적의 공격으로부터 몸을 보호하기는 좋지만 기동력이 떨어지는 단점이 있지요.

반면, 당나라 군대는 농민들을 중심으로 이루어진 경기병이나 경보병이었지요. 말에도 대부분 갑옷을 씌우지 않았고요. 그래서 당나라군은 수나라군보다 훨씬 날렵하고 기동력이 좋았어요. 하지만 이런 당나라군도 고구려의 튼튼한 성과 용감한 군대를 당해 내지는 못했어요. 특히 겨울의 매서운 추위가 닥치면 덜덜 떨며 발길을 돌려야 했답니다.

나, 《삼국사기》를 지은 김부식*! 연개소문은 독재자이다!
왕을 죽이고, 20년 넘게 권력을 독차지했고, 독재 정치를 했다!
그리고 고구려를 전쟁터로 만들었다.
연개소문은 국가 몰락의 원인이 되었고,
자식들은 분쟁의 씨앗을 남겼다.
고구려가 망한 까닭은 연개소문과 그 세 아들 때문이다.

김부식

연개소문은 고구려의 영웅!
신채호

첫째
김부식은 고려 인종 때에 금과 사이좋게 지내야 한다는 편에 섰다.
묘청*의 북벌론에 맞섰기 때문에, 신라를 중심으로 《삼국사기》를 썼다.
전쟁에서 승리한 나라는 패배한 나라의 흔적을 많이 없앤다.
그리고 중국의 역사책을 자료로 사용했으니, 중국의 주장을 따른 것이 아니냐?

둘째
연개소문이 집권할 당시의 상황은 매우 좋지 않았다. 수나라가 고구려와의
전쟁 끝에 결국 망했고, 당나라가 세워졌다. 당나라는 고구려에 대해
좋지 않은 감정을 가졌고, 당을 아시아의 중심 나라로 만들려고 하였다.
이런 상황에서 연개소문은 고구려를 강하게 만들려고 한 것이다!

셋째
만약 연개소문이 당나라와 당당하게 맞서 싸우지 않았다면, 고구려는 계속
당나라에 끌려 다녔을 것이다. 연개소문은 고구려의 영웅이다.

 **역사와 생각** 연개소문은 과연 민족의 영웅일까요, 독재자일까요?
내 생각을 말해 보세요.

* 김부식과 묘청에 대한 자세한 이야기는
《인물로 읽는 고려사》 '묘청' 편을 참고하세요.

일러두기

- 맞춤법, 띄어쓰기는 국립국어원에서 펴낸 《표준국어대사전》을 기준으로 삼았습니다.
  단, 역사 용어의 표기와 띄어쓰기는 교육인적자원부에서 펴낸 《교과서 편수 자료》를 따르되,
  어려운 용어는 쉽게 풀어 썼습니다.
- 학계에서 논의가 끝나지 않은 사안에 대해서는 감수위원의 의견과
  학계에서 인정하는 사료 및 금석문의 기록을 참고하여 반영하였습니다.
- 외국 인명, 지명은 국립국어원의 《외래어 표기 용례집》을 따랐습니다.
  단, 일반적으로 사용하는 우리음 표기도 썼습니다.
- 연도는 1895년 태양력 사용을 기점으로 이전은 음력으로 표기했습니다.
- 이 책에 사용한 사진은 관련 기관의 허락을 받아 게재했습니다.
  저작권자와 초상권자를 찾지 못한 일부 사진은 확인되는 대로 허락을 받겠습니다.